Ana Christen

PJESMOM DO

Urednica
MARIJA MARIĆ

Lektorica
MARIJA MARIĆ

Bibliografische Information der Deutschen Nationalbibliothek:
Die Deutsche Nationalbibliothek verzeichnet diese
Publikation in der Deutschen Nationalbibliografie;
detaillierte bibliografische Daten sind im Internet über
http://dnb.dnb.de abrufbar.

©2018 Ana Christen - PJESMOM DO -
Herstellung und Verlag: BoD - Books on Demand, Norderstedt
ISBN: 978-3-7528-7891-2

ZAVIČAJNA

VRIJEDNIJA OD ZLATA

Vlašić planina na izvorima leži
napojiti sva sela, ona uvijek teži
od izvora svi potoci nepresušno teku,
žubore se i ulijevaju u Lašvu rijeku.

Sve dok tako teku, moram istinu reći
vrijednija ću biti, to ne mogu kriti,
doći će vrijeme,
bit ću vrijednija od zlata -
vratite se rodnom selu,
otključajte vrata.

Vode teku tiho, mještana sve manje
svako selo pusto, ostalo imanje.
Žubore i šapću, a selo ih sluša
kome teku sada, tko će da ih kuša?

I dok tako teku, poručuju svima;
vrijednija ću biti i od zlata,
vratite se rodnom zavičaju,
vratite se, otključajte vrata.

ZA SLAVLJE

ROĐENJE UNUKE

Ništa ljepše doživjeli nismo,
djedovi i bake evo, postali smo!
Rodila se unukica Lea,
rodila se zdrava i vesela.

Ispunjena našem srcu želja,
duša nam je sretna i vesela.
Sad su svoje gnijezdo djeca svila
sva rodbina se ovdje okupila.

Živa, zdrava, naša Lea bila,
roditelje svoje ona usrećila!
Svoje drage bake i djedove,
ujku, striku, a i tetke obje.

KOLO SVADBENO

Našoj sreći danas nema kraja
za ženidbu odluka je pala!
Na okupu svi smo danas tu,
sin pred oltar vodi nevjestu.

Veseli smo, veseli smo,
sina ženimo!
Svirajte svirači
kolo svadbeno.

Počinje veselje
snaha rekla "DA",
postali smo svekar i svekrva.

Diž' se kume u kolo,
svira kolo svadbeno!
Veseli smo danas mi
sin nam se oženi.

Svi svatovi u kolo,
svira kolo svadbeno!
Uz mladence igrajte
pjesmu pjevajte.

SUDBONOSNO DA

Vjenčanica bijela,
crkveno vjenčanje,
mlada k'o princeza,
meni suđena je.

Pred Bogom i svijetom
reći će mi da!
Burmu moju nosit će
moja voljena.

Sudbonosno da
reći ću i ja
i u dobru i u zlu
spreman sve za nju.

DOČEK NOVE

Poziv stiže, svi me zovu
da proslavim s njima Novu!
Sto poziva, kuda poć'?
Na pomolu luda noć.

Idem tamo gdje sam bio
i prošle godine,
sve je bilo tako lijepo
biti će i ove.

U ponoć ću zapjevati,
pjesmom svima čestitati!
Poželjeti sreću svu,
sretnu Novu godinu.

Sretna Nova svima došla,
bolja bila nego prošla.
Nova dolazi, stara odlazi,
stara odlazi, bolja dolazi!

RADUJEM SE SVIMA

Nema dana, nema dangube,
nema dana da ja nisam ispunjen.
Nema dana, nema dosade,
nema dana da ja nisam zaljubljen.

Nema dana da mi nije lijep,
radim, pjevam, volim cijeli svijet.
Radim, pjevam, život živim svoj.
Prijatelja imam, ne zna im se broj.

Oko mene sve se okreće
i kad imam i kad nemam sreće.
Ja to volim, to mi dušu hrani,
u veselju prolaze mi dani.

Sve što želim, imam oko sebe:
obitelj, rodbinu i dobre prijatelje.
Sretno živim, radujem se svima,
sve vas volim koliko vas imam.

OSMI MART

Bez žene bi ovaj svijet
bio tužan i proklet.
Ljepotu mu ona daje
od postanka pa dok traje.

Ženo, carice, danas je tvoj dan,
pusti brigu na veselje danas uživaj.
Orilo-gorilo, ništa ne brini,
osmijeh na licu uvijek nek se vidi.

Osmi mart, Osmi mart,
Dan žena je!
Sretan nek ti bude,
tvoj praznik je.

Igraj, pjevaj, veseli se,
ovo je tvoj dan,
bez tebe bi ovaj život
bio dosadan.

Osmi mart, Osmi mart,
Dan žena je!
Sretan nek ti bude,
tvoj praznik je.

Igraj, pjevaj, veseli se,
ovo je tvoj dan!
Tebi, ženo, pjesmu ovu
od srca poklanjam.

DAN ŽENA

Iziđi s društvom svojim,
proslavi svoj dan,
pusti brigu na veselje,
o domu ne razmišljaj.

Danas slavi, misli na se,
zaboravi brige sve,
danas igraj, danas pjevaj,
dobri moj anđele.

Ženo, kraljice,
danas je tvoj dan,
pusti brige, pusti peglu,
danas ne peglaj.

Ženo, kraljice,
danas je tvoj dan,
danas skini pregaču,
danas ne kuhaj.

Danas slavi, misli na se,
zaboravi brige sve,
danas igraj, danas pjevaj,
vrijedni moj anđele..

Sve najbolje ja ti želim
za ovaj lijepi dan,
proslavi ga s društvom svojim,
to si zaslužila.

25-a GODIŠNJICA BRAKA

Onog dana kad si rekla "DA",
sretan čovjek postao sam ja.
Sreća moja i dan danas cvjeta,
ti si moja radost, dio moga svijeta.

Onog dana kad si rekla "DA",
postala si moja jedina,
postao sam i ja dio tvoga svijeta,
ovog ljeta SRETNA 25-a.

Sreća neka traje,
nek' nas prati dalje,
sve prolazi, draga moja,
ljubav naša ne prestaje.

RODILA SE UNUKA

Kap sreće pred večer
uljepša mi san
stigla mi je poruka
rodila se unuka.

Veće sreće od ove sreće nema
po drugi put postajem djed.
Unuka je tema naše priče,
pored mene baka najsretnije biće.

Rodila si se, želja ispunjena,
rođenje tvoje duša vesela.
Radosni smo svi i ponosni
što se takva ljepotica rodi.

Dolasku se tvome i sestra veseli
s tobom želi sve svoje da dijeli.
Lijepo je sestri da sestru ima
kad vas gledam srcu mi milina.

ŽENSKE PJESME

RUKA SPASA

Uvijek kad kažem
snage nemam više,
ruka neka iz daleka
pri padu mene dočeka.

Nešto jače tjera me dalje,
snagu vrati i čvrsto prihvati.
Nema vike, moje se pika,
svuda stižem, prašinu dižem.

Nevolje silne volju su lomile,
do kraja je nisu nikad slomile.
Sve sam bitke vodila hrabro,
mnoge i gubila, osjećala se jadno.

Bestraga su brige nestale,
snagom volje idem dalje!
Putnik s ciljem nema prepreke,
ruka spasa vodi me dalje.

SVE IMA SVOJU CIJENU

Najlakše je prevariti ženu
muka njena nema svoju cijenu.
Kad kopriva ožari joj pero
tad nastaje njene duše djelo.

Tajnu svoju krila bi da može
pobjegla u drugu, iz svoje kože.
Pjesmom svojom dijeli svijetom boli
ranjenoj duši stih da je voli.

Najlakše je prevariti ženu
obećanje ima svoju cijenu.
Kad potpišeš njeno kao tvoje
đavo ne miruje, on dođe po svoje.

Igrom slučaja istina se sazna
na pogrešnoj adresi slava bude kazna.
Zaslužne su ruke, ruke žuljevite
jedne žene, majke ponosite.

Najlakše je prevariti ženu
pjesma njena ima svoju cijenu.
Ne potpisuj nešto ako nije tvoje,
savjest ne miruje, sve dođe po svoje.

Tuđim perjem tko se kiti
nevolja ga žari,
jer na tuđoj muci slava se ne gradi.

POŽELIM

Pozdrave ti proljećem nosiš
cvrkutom raširenih krila
s juga na sjever ti letiš
lastavico, ptico mila.

Raspjevana letiš u svoj dom
radujem se povratku tvom,
radujem se mirisu cvijeća
let nebom, budi se sreća.

Poželim, ptico mila,
nebom let i da imam krila,
poželim tvoj topli zagrljaj,
veliko jato, lijep osjećaj.

Lastavico, ptico mila,
posudi mi svoja krila
pa da gledam sa visina
gdje sam s dragim nekad bila.

ZLATNA DOLINA

Slavonijo, osjećam ti boli,
svakim danom ranu kako peče.
Ravnice ti prodaju polako,
Zlatnu dolinu i Orljavu što teče.

Kako ti je kad nastaje noć,
kakav dan najavljuje zora?
Kakvo sjeme u zemlju se sije,
hoće l' biti pšenice k'o prije?

Sve je manje volova i konja,
Slavonijo, rodna zemljo moja!
Sve je manje bekrija i snaša,
običaja starih sa tvojih salaša.

Slavonijo, djedovino moja,
bit će uvijek rodnih tvojih polja!
Bit će žita, bit će i salaša,
Slavonijo, ti kolijevko naša.

TAMBURICE

Kad god čujem
zvuke tamburice,
ubrzano kuca
moje drago srce.

Na ples rado
uvijek odlazila,
sate i noći
s društvom provodila.

Ništa ljepše
u mladosti nema,
za igranke
kad se budi želja.

Pjevalo se, igralo se
sjećanja se bude,
na davna vremena
i meni drage ljude.

Cure, momci, zaigrani
tamburaši raspjevani,
sviralo se, pjevalo se
sve do zore, plesalo se.

DOLARI

Ima noći poslije sna
ne znam kud bih sa sobom ja.
Na jednoj si strani ti,
a na drugoj dolari.

Ako srce pitam
na koju će stranu,
ono vuče k tebi,
nemaš nijednu manu.
Al' mi pamet govori,
bolji su mi dolari.

Duša duši poručuje
ljubav se ne kupuje.
Novac, novac nije sve,
al' bez njeg' se ne može.

Sva je sreća, zora svanu,
pravi spas iz tog sna,
odluka je teška bila-
eh, da imam ono što sam snila.

ČIJA LI JE?

Pitali se sa svih strana
u mladosti njenoj ranoj
lijepa li je, kršna li je
Bože mili, čija li je?

Pozdrave joj mnogi slali,
preko plota dozivali,
nudili joj sve i svašta
nisu bili njena mašta.

Maštala je o svom princu,
nadala se, čekala ga,
sama osta' vrijeme prođe,
a princ joj ne dođe.

Preko plota galop čuje,
smijeh djece odjekuje.
Njenog princa nasljednici,
mašu rukom sad starici.

DA SI MOJ

Rekao si da me voliš
da ti značim sve,
to si rek'o i njima dvjema
uz kavu smo saznale.

Varao si, lagao si
vješto glumio
krug se vrti i otvara
sve se saznalo.

Na tri strane nije išlo
prokocka ti život svoj
a mog'o si imat sve
da si bio samo moj.

CUCKANJE

ccccc...

Cuckaju žene,
cuckaju ljudi,
svatko se svakom
iza leđa čudi.

Rukama babe
mašu i govore:
-Bože zakloni,
od svake nevolje!-

Neka se svi o
sebi zabave,
jamu tko drugom kopa,
sam u nju padne.

Cuckaju snaše,
cuckaju barabe,
cuckanje odjekuje,
cucknje je đabe.

ccccc...

ROSI ROSO

Na krevetu ležim sama
bez dragog mi noć besana,
što se ne javlja,
zna da brinem ja.

Noć dugu provela sam
cijelu božju, uplakana,
nisam spavala,
brižna čekala.

Pred zoru sam oči sklopila,
sklopila, malo zaspala
i na tren usnila,
dragog usnila.

Na livadi kako spava,
krevet mu je rosna trava,
zato nema ga.

Rosi roso, rosi, rosi,
zasvjetlucaj ti u kosi
moga dragoga,
dok ne vidim ga.

Zrakom sunca ti ga budi,
rosom svojom ti ga umij,
rosom umij ga,
nježno budi ga.

Ti mu šapni, roso rana,
kad ga budeš umivala,
vjerno čekam ga,
puno volim ga.

TEBI MOGU REĆI SVE

Tebi mogu reći da,
tebi mogu reći ne.
Bilo kako bilo,
ti voliš me.

Bila noć, bio dan,
kišan ili sunčan.
Bilo kakav da je,
s tobom sjajan je.

Bilo dobro ili ne,
tebi mogu reći sve.
Bilo kad, bilo gdje
s tobom ostajem.

MUKO MOJA

Muko moja,
već mi te je dosta,
idi onom
ko te meni posla.

U moj život
nisi dobrodošla,
loše mi je,
nestani što prije.

Muko moja,
nestani bez traga,
man' se mene,
meni nisi draga.

Iz života
nestani što prije,
bez tebe je
puno veselije.

VOLI ČEDO SVOJE

Kad postaješ majka
i primaš čedo svoje
privij ga na grudi,
sretna mama budi.

Zanemari želje,
željene od tate.
Čedo svoje grli,
vezano je za te.

Ako nije muško
isto ga ti voli
probudi joj radost,
osmijehom je bodri.

Muško ili žensko
mamom će te zvati,
iskreno ga voli
ljubav mu uzvrati.

Kad postaneš majka
i primiš dar s neba,
muško ili žensko
ljubav tvoju treba.

Privij ga na grudi,
uz čedo svoje budi,
zaštita mu treba
od zla koje vreba.

TAMO NEGDJE

Ovo nije moja zemlja
ovo nije moj svijet
tamo negdje odakle sam
vratit ću se opet.

Tamo negdje odakle sam
zlo ne postoji
korijeni su njegovi
vječno uništeni.

Tamo negdje odakle sam
vratit ću se opet
praznih ruku s ovog svijeta
što je vječno proklet.

NISI ME ZASLUŽIO

Dug života tko će da mi plati
dug obećanja tko da ispuni?
Poslije tebe kome da vjerujem
u svakom vidim laž i prevare.

Nisi me zaslužio, ne, ne nisi,
za ranjeno srce krivac ti si.
Nisi me zaslužio, nisi, nisi,
za lažnu ljubav krivac ti si.

Ništa ti više od mene ne treba
skrivaj se i bježi od mog pogleda.
Ništa mi više od tebe ne treba
bio si lažan, bio si nevjeran.

Nisi me zaslužio, ne, ne nisi,
povjerenje moje prokockao si.
Nisi me zaslužio, nisi, nisi,
nevjera moja postao si.

PRST SUDBINE

Pogledom jednim probudilo se sve
rodila se ljubav prstom sudbine.
Zavoljeh te, a viđala te nisam,
bio si mi stalno u mislima.

U očima tvojim u jednom trenu
vidjela sam cijeli život svoj.
Lutanje svijetom promijenilo me nije,
istinu zna prst sudbine.

Vidjela sam tada, a gledam i sada
najljepši sjaj oka tvog,
u srcu radost budiš samo ti,
sudbina piše sa mnom ostani.

U očima treptaj blistav onaj sjaj,
prst sudbine piše ovo nije kraj.
U pjesmi ovoj za sva vremena
za tvoju ljubav rođena.

BEZ SVAĐE KRAJ

Bezbroj puta rekla sam ti
šta mi smeta, sve si znao,
bezbroj puta rekli su mi
nisi za me, ti si zao.

Neću reći ovaj put,
neću reći sve što znam,
neću reći niti riječi,
ovo je bez svađe kraj.

Bezbroj puta molila sam,
bezbroj puta, neću više,
neću više gubit vrijeme,
jer sudbina kraj već piše.

MUŠKE PJESME

LJUBOMORO

Ni dušmanu poželio ne bih
ovo što se desilo sad meni,
srce žali duša tuguje
što sam od nje lako ostavljen.

Usne koje ljubio sam žarko
nisu moje, to me boli jako.
Ljubomoro, kriva si za sve,
što ja nisam kod moje voljene.

Ljubomoro, kriva si za sve,
ti si razlog moje nevolje.
Zbog tebe sam nevin osuđen,
zbog tebe sam od nje ostavljen.

Kaznit ću te, ljubomoro,
za sve moje boli,
ja u ljubav vjerujem
opet ću da volim!

POSLIJE SVAĐE

Korak naprijed, nazad dva
uvijek nešto ispliva.
Nešto što nas posvađa
i vezu nam poljulja.

Poslije svađe sve je slađe
oprašta se sve,
poslije svađe usne mazne
bolje ljube se.

Korak naprijed, nazad dva
ljubav greške oprašta.
Tko se svađa taj se voli,
poljubcem se brišu boli.

ŽIVIM DANAS

Oduvijek je govorila mati,
pazi, sine, kom' ćeš srce dati.
Kad se voli ništa ljepše nema
i sreću i tugu naći ćeš kod žena.

Uporno je govorila mati,
pazi, sine, kom' ćeš dušu dati.
Ovaj život nije živjet' lako
prava ljubav ne poklanja se svakom.

Obećanje dato opet gazim
od kad nisam s njom više ja ne pazim.
Kuda idem baš mi je svejedno
od kad više nismo zajedno.

Živim danas, sutra možda neću,
ne dam nikom da mi kvari sreću.
Sam pao, ubio se sam
život živim, život mi je drag.

STAROST DOLAZI

Nikoga starost zaobišla nije
osim onih što otišli su prije.
Nitko ne zna šta nam sudba sprema
danas te ima, a sutra te nema.

Ostavi za stare dane mrvu ljubavi,
toplote u srcu kada zahladi.
Ljepota mladosti brzo prolazi
misli na starost koja dolazi.

Nikoga ona zaobišla nije
osim onih što otišli su prije.
Nitko ne zna šta nam se sprema
danas si tu, sutra te nema.

Nikoga smrt zaobići neće,
bio dobar, ili bez sreće,
sve nas stavlja u isti koš
bio sretan ili loš.

SLATKA ANKA

Pjesma je ova za jednu ženu
za ljubav njenu neuzvraćenu
za ono vrijeme kad sam je volio
i pjesme joj pjevao.

Kako joj je, ako sluša
sjeća li se mene?
Budi li joj ova pjesma
davne uspomene.

Dal' se sjeća vinograda,
smokve ranke i duvana?
Kako joj je duša njena,
dal' je sretna žena?

Zaboravu ne dam dane
vežu me za nju,
bila je slatka kao trešnja ranka,
moja mala Anka.

DA SI KRAJ MENE

Kad bi imao bezbroj žena
i beskraj ljubavi
za tvoju se nikad
dvoumio ne bih.

Za tebe bih bio spreman
uvijek dati sve;
da me voliš, maziš, ljubiš,
da si kraj mene.

Jutra, sunce, noćne zvijezde,
bila bi mi sve.
Da ne sanjam usne tvoje
već da ljube me.

NEĆU U PONOR

Odavno se tajno šapuće,
kad zbog posla nisam kod kuće,
da mi draga drugog ima,
odavno se tajno snima,
sve ste krili, ljudi, nisam lud!

Oči imam, slijep sam bio,
do jučer sam se u nju kleo
o poštenju, toliko.

Sad kad sam se uvjerio
i sve tajne sam otkrio.
Dalje idem sam.

U ponor neću da padam zbog nas,
neću u ponor, neću na dno,
u ponor neću da se ništim,
ne zaslužujem to.

ŠAPĆEŠ IME

Kad se budim, a ti spavaš
jasno je k'o dan.
Vidim sreću na tvom licu
s nekim dijeliš san.

Kad se budiš, kad me ljubiš
ti kod mene nisi,
šapćeš ime, moje nije,
reci, čije li je?

Kad smo budni
želim ljubav, a ti ne!
tu si tijelom, dušom nisi,
na čijoj adresi si?

IGROM SLUČAJA

Igrom slučaja
sreo sam nju.
bilo joj je dosadno,
tražila je zabavu.

Druženja je bilo,
vino se pilo!
Veselo, veselo,
za poželjet' ponovo.

Luckasta, živahna,
željna provoda,
lijepa soba, lijepa noć,
ona i ja ha ha...

Od tada smo zajedno,
igrom slučaja.
Lijepa kuća, puna djece,
sretna ona, sretan ja!
ha... ha... ha...

LJUBAV NA PRVI POGLED

Prvi pogled rekao je sve
riječi nisu bile potrebne,
pogledi su ispisali priču
u našem najdražem kafiću.

Zauvijek bih da ostane ovako
ti si mjesec, a ja sunce žarko,
ovu sreću ni s kim dijelit neću
ako treba za nju i umrijet ću.

Ti si mene suncem svojim zvala,
a ja tebe, luno, moja mala.
Prvi dodir probudio je sve
i ljubav do groba da potraje.

ISPLAK'O SAM SUZE

Prođe mladost, prođe mi lipota
cili život u pismi i slavi,
isplak'o sam suze svog života
mislili ste ništa mi ne fali.

Na putu mome umora je bilo
uz pismu sam lakše podnosio.
Nije bilo sve kako sam htio
da je bilo ne bih suze lio.

Prođe mladost, prođe mi lipota,
često žalim za vrimenom tim,
još je rano za posljednju luku
dižem sidro, plovim srcem svim.

Isplak'o sam suze svog života
mislili ste ništa mi ne fali,
da je tako, bilo bi mi lako
da je bilo, ne bih suze lio.

Isplak'o sam suze svog života
nema mista na kom nisam bio,
ali opet mogu reći ovo,
nije bilo sve kako sam htio.

KAD BIH MOG'O

Kad bih mog'o smirit' prste,
da je ne diram.
Kad bih mog'o skinut' pogled,
da je ne gledam.

Lakše bi mi bilo,
al' da mogu.
Blizina me njena
obara s nogu.

Kad je sretnem,
kad bih mog'o
da se okrenem
i da svoje misli
drugoj pošaljem.

Kad bih mog'o
puno lakše bilo bi mi sve,
al' ne mogu, al' ne mogu,
to je jače od mene.

Kad bi mog'o
kad je sretnem
da se okrenem,
u blizini njenoj
da ne pokleknem.

SANJAO SAM BRDO PARA

Yeahhhhhhh!
Let's go!

Sanjao sam san,
imam brdo para!
Yeahhh...yeahhh,
više od političara!

A kad se probudim,
hoću da poludim,
hoću u svoj san,
da sam bogat ja!

Yeahhhhh!
Let's go!

Sanjao sam san,
imam brdo para!
Yeahhh... jeee... jeee
više od političara!

Vidio sam stanje
i pare kako broje,
murija ih čuva,
nikog se ne boje.

Dobio sam i ja
tjelohranitelja,
da me kakva mafija
ne ukeba.

Aktovke mi nose,
za život svoj ne mare,
plaćeni su dobro,
sve rade za pare.

Dragi Bože, ja te molim,
ispuni mi želju tu,
nemoj dugo čekati,
sad mi pare trebaju!

Yeahhhhhhhhhhhhhhhh!

BUĐENJE BEZ NJE

Davao sam i šakom i kapom
sve sam dao što sam mog'o dati
u ljubav sam našu vjerovao
ni sanjao nisam da će me izdati.

Pamtim još ono tiho zbogom,
stisak ruke osjećam u ruci
oči pune suza još vidim
maglenu sreću kako se ruši.

Ništa joj nisam imao dati
kad je pošla putem svoje sreće
-Žao mi je! uspio sam reći,
ona svoje misli ne doreče.

Davao sam i šakom i kapom
sve sam dao, koštalo me sve
u ljubav sam našu vjerovao
i na kraju bez ičeg ostao...

Nečujno je nestala u noći
sjena pala u zagrljaj mraka,
ostah sam s jecajima bolnim
tužan zbog njenog odlaska.

Propalo je sve, tuga ostaje,
jutarnje buđenje, kava bez nje.

MALJINSKE STIJENE

Koje oko zaplakalo ne bi
kada čuje što u pjesmi slijedi?
Pusto selo, nadvile se stijene
par mještana šalje svoje želje.

Pozdrav šalju starci dok čekaju,
pozdrav šalju, pitanje imaju.
Što im djeci ne da iz daljine
da se vrate u svoje Maljine?

Čije srce može da odoli
da ovakvo selo ne zavoli?
Koja duša može da odoli
prirodi rajskoj i ovoj slobodi?

Što je pusto, zašto nikog nema,
vrijeme leti, što li se to sprema?
Nek pitaju srce svoje
je li im to u tuđini bolje?

ISPOVIJED DUŠE

Kad se duša srcu ispovijeda
sve su misli vezane za nju.
Sve joj prašta, nema osvete,
nema ljutnje, nema klevete.

Svoju ljubav prema njoj ne krije
pred svima je brani i kad kriva je.
Ne mari za priče niti za loš glas
namjere im zna, traži vezi spas.

Kad se srce duši ispovijeda,
prisjeti se zajedničkih želja,
prisjeti se trenutaka sreće
da ih ništa rastaviti neće.

O MATI, MOME TATI

Veseljak je bio,
izvorne volio,
uz čašicu rakije
život provodio.

"Čobanice ljepotice",
slušao je često,
na njegovoj listi
pjesma prvo mjesto.

Uz izvorne pjesme
kolo je igrao
i u kolo snaše
sve je redom zvao.

Ostavi se mode
i gradskog života,
u selu ga kitila
sva prirodna ljepota.

MARKU ZA 18-ti ROĐENDAN

Dok si mali bio slušao si sve
sklanjao si iza sebe svoje igračke.
Mazila te mama, pazio te tata
oduvijek si slušao i starijeg brata.

Sretan ti, Marko, rođendan,
bio nam živ, veseo i zdrav!
Neka ti Bog sve najbolje da
želi ti obitelj i sva rodbina.

Sretan ti, Marko, rođendan,
bio nam sretan i uspješan!
Neka ti se želje ispune sve
uz rođendanske čestitke.

Poseban je danas tebi ovaj dan,
osamnaesti slaviš rođendan.
Punoljetan sada, dečko postaješ
i da uvijek tako dobar ostaješ.

BJEŽI OD NEVOLJE

Kad osjetiš nevolju
kad je vidiš na pomolu
otkači je što prije
zle namjere u sebi krije.

U stopu će da te prati
i probleme da ti stvara
nećeš moći ići naprijed
kad te zgrabi nema kraja.

Nevoljama nema kraja
ako pustiš da te nose
pokaži joj zube svoje
da za borbu imaš volje.

Odlučno je ti otkači
pokaži joj snagu svoju
tek će onda da te pusti
pobijedit ćeš nevolju.

OSJEĆAJI NE STARE

Daleko su oni dani
kad smo, srećo, bili mladi.
U selu se sastajalo prelo,
pored puta žuborilo vrelo.

Onih dana, one sreće
nigdje više nema.
Obiš'o sam pola svijeta
još uvijek si moja želja.

U srcu mi studen zima
svatko nekog drugog ima.
Suza kane, lice mije
draga si mi k'o i prije.

Uspomena ostaje,
osjećaji ne stare.
Sve je isto k'o i prije,
zbog rastanka suze lijem.

ZVUCI ŽICE

Zvuci žice, žice tamburice
onu pravu pogađa u srce,
koja mi se smješka ispod oka
u meni je prepoznala momka.

Diram žice, gledam njeno lice;
lijepe oči želja ove noći,
biram riječi kojim ću joj reći
da je želim i njoj se veselim.

Pjevam pjesmu, pratim njenu ruku.
Burme nema, lijepo nam se sprema.
Oboje smo slobodni k'o ptice,
poslije žurke ljubit ću joj lice.

DANI PIVA

Sastalo se društvo veselo i fino
uz rijeku Koranu uz Karlovačko pivo.
Opet se slavi kao i lani
veselo je, pivski su dani.

Kažu da je pivce ekstra za živce
tko ih nema izvor je problema,
moji su dobri od kad ga pijem,
bolje spavam, slađe se smijem.

Pivce za živce i dobro veselje
pivo pijem, nemam druge želje,
kad ga pijem ravno mi do mora,
dobro spavam, ne muči me mora.

Pije se, pije, Karlovačko pivo,
još godina sto ovako se slavilo.
Slavi se, slavi, kao i lani
baš su lijepi ovi pivski dani.

GOLMAN MANI

Za trenera veće sreće nema
kad ekipu za prvenstvo sprema.
Za golmana navijamo svi
svaku loptu da obrani.

Mani, Mani golman pravi,
tijelom i srcem on brani.
Za golmana molimo svi
svaki penal da obrani.

Do pobjede i do zlata
s medaljama oko vrata!
Do pobjede i do slave,
glavu gore, idemo dalje.

Do pobjede i do zlata
s medaljama oko vrata!
Prvaci, nek se zna,
pobjeda je zaslužena.

KLECALA SU KOLJENA

Doživio ja sam davno
u mladosti punog sjaja
prvu ljubav, prvi treptaj
tog ljubavnog osjećaja.

Klecala su koljena
kad god bih je sreo
srce ludo kucalo
iskočit' je htjelo.

Prva ljubav, doživljaji prvi
još mi teku venama u krvi.
Osjećaje nikad nisam krio
lijepo bilo sve bi ponovio.

EH, ŠTO VOLIM KADA LIŠĆE PADA

Kad mi jutra tužna nekad svanu
i kad oblak ne da sunca danu,
kad je tmurno i kad volje nemam,
misli lete na sretna vremena.

Što su lijepa ta davna vremena
šetnje parkom, noćna osvjetljenja...
Lišće pada, ogolile grane,
sjećanja se bude na mlade dane.

Eh, što volim kada lišće pada,
bilo davno, kao da je sada.
Davna ljeta te mladosti rane,
zaljubljeno provodili dane.

Eh, što volim ta vremena stara,
šetnje alejom iz mladih dana.
Žubor rijeke, stabla kestena,
lišćem suhim cesta prekrivena.

Kad mi jutra tužna nekad svanu
i kad oblak ne da sunca danu,
kad je tmurno i kad mi se jeca,
utjehu mi daju naša djeca.

ŠTO SAM TI, BOŽE, ZGRIJEŠIO?

Volio sam i ona je mene
voljeli se jedno duže vrijeme
voljeli se i snove sanjali
gdje su sada, niz vodu su pali.

Što sam ti, Bože, zgriješio,
pitam te po stoti put?
Ljubavni početak bude lijep,
a onda tužno prekinut?

Što sam ti, Bože, zgriješio,
zašto me u ljubavi neće?
U srcu je imam,
al' nemam sreće?

Iz ove kože, spašavaj Bože,
ovako više ne ide.
Teško breme nosim cijelo vrijeme,
vrati mi nju, spasit ćeš mene.

NE SLADITE SE

Ne sladite se tuđom nevoljom,
poželite neka prestane.
Ne sladite se, ako Boga znate,
da vas ista sudba ne snađe.

Ne radujte se kad netko samuje,
ne hranite bol kad tuga nastaje,
ne sipajte sol na tuđe muke,
podršku dajte, ispružite ruke.

Ne radujte se kad netko tuguje,
molite se da što prije nestane.
Poštedite ih riječi uvrede
da vas ista sudba ne stigne.

AKO TI NEDOSTAJEM

U snove mi često dolaziš
sjećanjem takneš i nestaneš
osjećaj drag ostane trag
jastuk od suza.

Između nas još nije kraj,
znaš da te osjećam.
Da ti je svejedno
ne bismo bili zajedno
u snovima.

U snove mi često dolaziš
na tren se pojaviš i nestaneš.
Bojiš se zore, bježiš iz sna
da te dan ne dočeka.

Kaješ se zbog odlaska,
pričaš drugima što osjećaš.
Ako ti nedostajem,
na sve pristajem
Hej...
tvoj sam bio, tvoj i ostajem.

VJERENI SMO

Ostavi
sve po strani
što ti smeta,
ostavi,
prisjeti se naših ljeta,
ne daj nas!
Riječ si dala, sad me pazi,
riječ data se ne gazi.

Rekla si "Da",
na sve si pristala.
Zračila i blistala.
Nikome sjaj iz oka ne daj
s njim si me osvojila.

Ja bez tebe, ti bez mene
nikud ne vodi.
Tu smo gdje smo,
vjereni smo,
sa mnom ostani.

BUDI PAMETNO SVOJ

Ponekad su ljudi dobri,
radoznali, a često zli.
Svi bi htjeli sve da znaju,
a svoje bi sakrili.

Zato budi svoj
mani se takvih ljudi,
ne mijenjaj svoju čud
pametno svoj budi.

Zato mijenjaj smjer,
ne mijenjaj svoju čud,
gledaj ispred sebe,
pametan budi, a ne lud.

Živiš život jedan.
Jedan je i on je tvoj,
budi to što jesi,
budi pametno svoj.

GLEDAM JE I ŽALIM

U disku tama, ona sama
pored šanka,
sam sam i ja.
Iz oka joj suza kanu
naša pjesma svira.

Usne drhte,
prsti se lome,
pjesma naša
sjećanje zove.

Krišom je gledam,
osjećam
bol stanuje u duši
i samog me ista,
istom mjerom guši.

Gledam je i žalim,
mjerim njenu bol,
koliko ona pati
patim i ja za njom.

Gledam je i žalim
i ona žali za mnom,
sreće nema tamo
gdje stanuje bol.

OPROSTOM JE LJUBIM

Neću da je mrzim,
neću da joj sudim.
Imat ću strpljenja
iako je gubim.

Strpit ću se da ne planem
u ove teške, teške dane,
kada ona drugom odlazi
ne dam zlu da me osvoji.

Neću da je mrzim,
neću da joj sudim.
Ljubav koju gubim,
oprostom je ljubim.

Oprostom je ljubim,
ma s kim da bude,
imat ću strpljenja
ono je za ljude.

Kad mi krene bolje
reći ću joj halo,
zbog rastanka našeg
meni nije žao.

PAZI NA SEBE

Okreni se oko sebe,
janje moje maleno,
pazi da te ne zavede
oko lažljivo.

Naivna si, dobrog srca,
za te brinem se,
kad te nema
minuti su mi kao godine.

Udalji se, ne okreći se,
pazi na sebe!
Sama nisi i kad jesi
mislim na tebe.

Molim Boga da te čuva
kada nisam tu,
vukovi su oko tebe,
okolo se muvaju.

Vukovi su u blizini,
čujem zavijaju;
Molim Boga da te pazi
i na javi i u snu.

POGREŠNA ADRESA

Kud god krenem
na pogrešnoj sam adresi,
zašto se meni
uvijek tako desi?

Ljudi moji,
što sam loše sreće?
Ja nju hoću
ona mene neće.

Neće me pa neće,
s njom nemam sreće.
Sve joj dajem,
al' me opet neće.

Zašto se meni
uvijek tako desi,
kud god krenem
na pogrešnoj sam adresi.

Krenut će i meni,
valjda jednog dana,
kad ja budem sretan,
ona bit će sama.

DUMAJMO

Puno se tuguje, sve manje smije
u dušama se nešto strašno krije.
Sjeme zla osvaja svijet,
a nekad je bio doista lijep.

Puno tuge, radosti malo,
svijet se kvari, alarm u glavi.
Ovo stanje brine me jako,
živjet tako nije lako.

Dum, dum, dumajmo svi
da se svijet na bolje promijeni.
Ako ti je do promjene stalo,
ajde i ti dumaj sa mnom malo.

Mozgaj malo, sve od sebe daj,
ovaj svijet ne zaslužuje kraj.
Dum, dum, dumajmo svi,
promijenimo svijet u ime ljubavi.

Pali lampe, sve od sebe daj,
mjesto tame neka sjaji sjaj...
Dum, dum, dumajmo svi,
da se svijet na bolje promijeni.

UZ ŠARGIJU

RAKIJA

Kad se staro društvo skupi,
priča se i pjeva.
S rakijom na stolu
bit će i veselja.

Nek' je proba
tko je prob'o nije
pa će vidjet
što u sebi krije.

Bez rakije
nema ni veselja,
bolje grije
nego moja žena.

Rakija je da se pije,
bez rakije fešta nije.
Prazne flaše žena broji,
na nogama jedva stojim.

NEK' OSJETI

Pjesmu pjevam
i dozivam dragu,
nek' me čeka
večeras na pragu.

Da gledamo
mjesečinu sjajnu,
da osjeti toplinu
na dlanu.

Da je grlim
dok nas mjesec gleda,
da joj šapnem
da je nikom ne dam.

Pod zvjezdanim nebom,
zagrljeni skupa,
nek' osjeti
kako srce lupa.

UZ ŠARGIJU

Oj, šargijo,
da te nisam im'o,
oženjen bi i ja sada bio.

Dok te sviram
uvijek dobru biram,
poslije svirke bude dobre dirke.

Uz šargiju
ja osvajam žene,
ja im pjevam, one vole mene.

Uz šargiju
pjeva se i pije,
kad se voli, ljubav se ne krije.

MAMURLUK ME BUDI

Kada kući pijan dolazim,
ja se šuljam,
ženu ne budim.

Iza vrata oklagija stoji,
jedva čeka
da joj se pomolim.

Inače me juri oko kuće,
trči za mnom,
hoće da me tuče.

Mamurluk me budi,
a žena mi sudi.
Zbog nje sam se postarao, ljudi!

MALA MOJA U MINJAKU

Mala moja u minjaku,
igra kao čigra!
Noge joj ne miruju
dok muzika svira.

Igra, igra, ne miruje,
okicama namiguje!
Pjeva na sav glas,
ima divan stas.

Mala moja u minjaku,
zavodnica prava!
Sve nas gleda,
sve nas mami,
nikom ne bi dala.

E, MOJ POBRO

E, moj pobro,
pitaš jesam dobro?
Bio jesam, ali više nisam.

Život teče,
snaga ostat neće!
Pitat će starost
gdje potroši mladost.

Ni učenje mi više
ne ide od ruke,
pamćenje slabi
-velike su muke.

Životna škola
neprestano traje,
ispiti na pomolu,
a fali mi znanje.

ČAŠICA RAKIJE

Tek se vidi,
tek se zna,
što je rakija!
Tek kad se jedna popije,
moć se njena otkrije.

Tek sad vidim,
tek sad znam,
što je rakija!
Kad se više popije,
brige se zaborave.

Tad se pjeva,
tad se igra,
tad se kolo okreće!
Sve dok ima rakije -
fešta trajat će.

ŠUĆMURASTE OKICE

U pogledu se vidi,
ona se ne stidi,
daje mi na znanje,
želi milovanje.

Šućmuraste okice
bude želje sve,
kad me nježno gleda,
prosto gubim se.

U pogledu čitam sve,
šućmurasto ne krije!
Daje mi na znanje,
hoće milovanje.

VRAGOLANKO

Mala moja, bi li meni dala,
pite ispod saća, da ne vide braća.

Hoću dragi, al' je malo vruća,
ajmo vani, tijesna nam je kuća.

Mala moja vragolanko mila,
u tebi se krije dobra vila.

Ja sam vila, čekam princa svoga,
drugog neću, čekat ću do groba.

Vragolanko, milo moje zlato,
zbog tebe sam ja gazio blato.

Stope tvoje vidjela je mama,
lagala sam da sam bila sama.

Lijepo nam je, sunce moje bilo,
ljubio sam tvoje lice milo.

Uvijek smo se tajno sastajali,
kamo sreće da smo i sad mladi.

***

STOP THIS!

Stop THIS!
Šaljem ti jedan PLEASE,
prije nego ubiješ sebe
imam poruku za tebe.

Krik tvoj u ime ALAHA,
probudi krik moj jer sam majka.
Svaka majka s bolom rađa i
smrt djeteta je pogađa.

Kako žrtvinu majku, tako i tvoju
i tvoja osjeća bol svoju.

STOP THIS!
Šaljem ti dupli PLEASE
i poruku; molim te, ne čini to.
Stvoritelj je život dao,
On na njega jedini ima pravo.
AMEN!

NAKLON ČEHOSLOVAČKOJ

Očito da nekom puno smeta
sva ljepota ovog svijeta.
Vode se uvijek neki ratovi,
pjesmom želim na mir pozvati.

Što su djedovi i očevi radili,
što je iza njih ostalo?
Još mira na Balkanu nema,
mržnja uvijek ratove sprema.

U pjesmi su moje želje;
mir u svijetu bez rata,
oprost neka pobijedi svako zlo
i da susjed susjeda cijeni kao brata.

Naklon do poda Čehoslovačkoj,
divim se narodu tom,
mirna dioba bez krvi,
ostade im nerazrušen dom.

Oni su znali i predosjećali
da mnogi u nemiru svoju korist vide,
bez osjećaja i bez kajanja
svojih zlodjela se ne stide.

Znali su za tajne prljave planove,
zašto stvaraju mržnju i ratove.
Djela im se iz zraka poznaju
dok se mačke i lavovi
s miševima neprestano igraju.

Naklon do poda Slovačkoj i Českoj,
divim se narodu tom,
žalim što su narodi naši
ispod razine svijesti naroda tog.

Kazalo

*****

Zahvaljujem
na svestranoj pomoći
Marici i Uliju Kiwitz